Couverture Inférieure manquante

DÉBUT D'UNE SÉRIE DE DOCUMENTS EN COULEUR

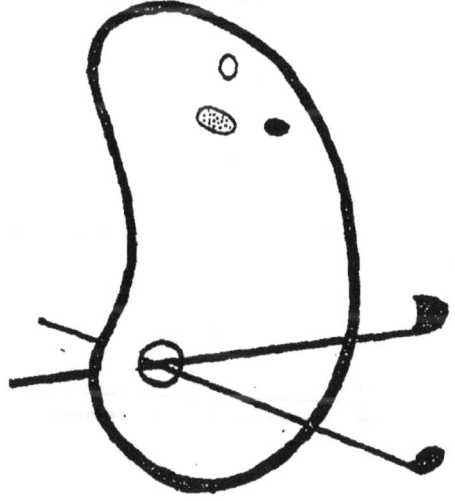

# ITINÉRAIRE

DE

# MOGADOR A MAROC

ET DE

# MAROC A SAFFY

(FÉVRIER 1868)

PAR

## A. BEAUMIER

Consul de France à Mogador.

---

EXTRAIT DU BULLETIN DE LA SOCIÉTÉ DE GÉOGRAPHIE

---

PARIS

IMPRIMERIE DE E. MARTINET

RUE MIGNON, 2

1868

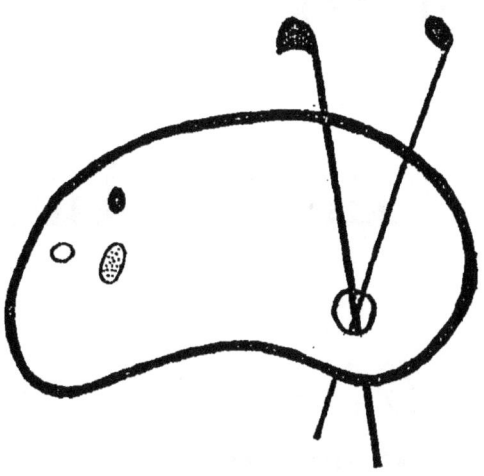

FIN D'UNE SERIE DE DOCUMENTS
EN COULEUR

# ITINÉRAIRE

DE

# MOGADOR A MAROC

ET DE

## MAROC A SAFFY

(FÉVRIER 1868)

PAR

### A. BEAUMIER

Consul de France à Mogador.

---

EXTRAIT DU BULLETIN DE LA SOCIÉTÉ DE GÉOGRAPHIE

---

PARIS

IMPRIMERIE DE E. MARTINET

RUE MIGNON, 2

1868

# ITINÉRAIRE

## DE MOGADOR A MAROC ET DE MAROC A SAFFY [1]

(FÉVRIER 1868)

Messieurs,

A la dernière séance, j'ai eu l'honneur de remettre à la Société de géographie avec l'autorisation du Département des affaires étrangères :

1° Un plan et une notice de la ville de Maroc par M. Paul Lambert, négociant français, qui réside depuis cinq ans dans cette capitale ;

2° Un rapport et un itinéraire de mon récent voyage

---

[1] La ville de Maroc, bien qu'elle soit le point de l'intérieur du Moghreb dont l'accès, pour les étrangers, est relativement le moins difficile, n'a encore été visitée que par un très-petit nombre d'Européens. Voici les noms de voyageurs qui, en trois siècles et demi environ (342 ans), ont laissé quelques notes ou quelques souvenirs de leur voyage.

| | |
|---|---|
| Léon l'Africain | en 1526 |
| Diego de Torrès | 1550 |
| Le comte de Breugnon et M. de Chénier (ambassade). | 1767 |
| Saugnier | 1784 |
| Docteur Lemprière | 1790 |
| Aly-Bey-el-Abbassy | 1804 |
| Lieutenant Washington (ambassade) | 1830 |
| MM. de Chasteau et Léon Roches (id.) | 1847 |
| Sir John Drummond-Hay (id.) | 1856 |
| Don Merry y Colon (id.) | 1863 |
| Sir Moses Montefiore | 1864 |
| M. B. Balansa | 1867 |
| M. A. Beaumier | 1868 |

En publiant les renseignements fournis par ces deux derniers voyageurs de Mogador à Maroc, de Maroc à Saffy, et de Saffy à Mogador.

Aujourd'hui, me rendant très-volontiers à la bienveillante invitation de M. le président, je viens vous faire lecture de ce dernier rapport, mais je réclame à l'avance toute votre indulgence. J'y ai compté, je vous l'avoue, pour oser ainsi vous présenter ces humbles essais, ces dessins grossiers qui n'ont, d'ailleurs, d'autre prétention que celle d'être relativement exacts et surtout pratiques.

L'honorable président de la commission centrale, M. Jules Duval, ayant bien voulu me dire, dans le temps, que l'on attacherait quelque prix à avoir des données précises sur la ville de Maroc, dont les diverses descriptions publiées jusqu'à ce jour ne donnaient pas une idée bien nette, et sachant, d'un autre côté, combien il est difficile, en pays arabe, d'arriver à des résultats valables par voie de renseignements, j'ai cru ne pouvoir mieux faire que de m'adresser à ce sujet à M. Paul Lambert qui habite Maroc depuis 1863, et je profitai d'une visite qu'il me fit à Mogador, en septembre dernier, pour lui donner mes instructions.

M. P. Lambert, qui ne cesse, d'ailleurs, de nous fournir de bonnes informations et de rendre d'excellents services (notre collègue et mon ami M. B. Balansa (1) vous l'a dit déjà) à ceux de nos compatriotes qui ont affaire à Maroc, se mit à l'ouvrage avec un dévouement d'autant plus méritoire qu'il s'agissait d'un objet fort étranger à ses occupations

et par un négociant français, M. Paul Lambert, qui s'est courageusement établi à Maroc depuis cinq ans, la Société de géographie estime qu'elle rend un service; ces renseignements, en effet, sont les premiers et les seuls qui nous fassent bien connaître la capitale occidentale du Maroc et les routes qui y conduisent.

Les dessins du plan de la ville et de l'itinéraire pourront être considérés comme un guide pratique et sûr par les personnes qui auront à l'avenir à entreprendre ce voyage. (*Rédaction.*)

(1) Bulletin de la Société de géographie, avril 1868, p. 325.

ordinaires, et pour lequel il ne pouvait procéder qu'avec prudence et lenteur, afin de ménager la méfiance des indigènes. Aussi ne fût-ce qu'à la fin de l'année (1867) qu'il m'envoya les résultats de son travail, et alors, ayant le projet d'aller moi-même à Maroc, j'en ajournai la transmission en France, dans l'intention de les vérifier et de les compléter de mon mieux, avec lui, sur les lieux mêmes.

Le plan de la ville que j'ai réduit à une échelle moindre que celle de l'original de M. Lambert, et sur lequel je me suis appliqué, entre autres modifications, à rectifier l'orthographe des noms arabes, est aussi exact que possible, quant à la superficie, et aux positions respectives des principaux quartiers et établissements; mais, permettez-moi de le répéter, messieurs, cette exactitude relative à nos moyens d'action, n'est pas mathématique et ne saurait être prise qu'au point de vue d'ensemble et de la pratique. Ce plan est, d'ailleurs, beaucoup plus complet que ceux, les seuls connus je pense, qui ont été rapportés par Aly Bey en 1804, et par le lieutenant Washington en 1830, et je ne crains pas, au moins, de vous le présenter comme un guide sûr pour les étrangers qui auraient occasion de visiter Maroc.

La notice de M. Lambert, qui accompagne ce plan, est assez détaillée pour ne me laisser que peu de chose à vous dire sur la ville de Maroc. Mon séjour dans cette capitale a, d'ailleurs, été trop court pour me permettre d'y faire des recherches nouvelles. En réalité, Maroc est aujourd'hui encore une assez grande ville arabe sans fortifications et sans autre défense que ses vieux murs d'enceinte en pisé (*tabia*) qui ont sept portes; sa superficie est d'environ 170 hectares dont les deux tiers au moins sont occupés par des jardins ou couverts de décombres. Sa population ne dépasse sûrement pas 50 000 âmes. L'eau y est abondante et bonne; le climat sain, tempéré en hiver, mais très-chaud en été ; les mosquées sont nombreuses ; le palais du sultan est fort vaste ; plusieurs réservoirs d'eau et quelques intérieurs d'anciennes maisons sont réellement remarquables ; mais, en somme, il n'y a à Maroc d'autre monument digne d'attention, que la tour de l'antique mosquée el Koutoubin (des Libraires), nommée aujourd'hui encore la Koutoubia, quoiqu'il n'y existe plus la moindre librairie (1). Ce minaret, semblable à la tour de Hassan à Rabat, et à la Giralda de Séville, peut avoir 70 mètres de hauteur ; il est carré, et ses quatre faces correspondent exactement aux quatre points cardinaux ; j'ai pu en mesurer une (celle de l'est), 12 mètres 30 centimètres de largeur. La tour de Rabat est plus massive : chacun de ses côtés mesure 15 mètres 50 centimètres, mais elle n'est pas plus haute, et celle de Maroc est encore surmontée d'une grande lanterne qui lui donne une certaine élégance. Ces deux tours et celle de la Giralda ont été construites par ordre de l'émir Almohade Yacoub et Mansour, en même temps (1197), et sur le même modèle fourni par l'architecte Sévillien Guéver ; elles sont également bâties en grosses pierres de taille, et il est singulier qu'à Maroc pas plus qu'à Rabat, on ne sait aujourd'hui d'où ont été tirés ces blocs dont il n'existe dans les environs ni carrières ni traces.

Les vastes jardins du gouvernement, à l'intérieur et à l'extérieur de la ville, sont assez mal tenus, mais très-productifs et plantés d'arbres fruitiers dont quelques-uns, les oliviers notamment, atteignent les proportions de nos grands marronniers de France. Au dehors, Maroc est couronnée au N., N.-E. et N.-O. par un superbe bois de palmiers, sous lesquels la population accourt durant l'été,

---

(1) Léon l'Africain raconte qu'il y avait eu sous le portique de cette mosquée 100 librairies (*librorum officinas*), lesquelles n'existaient déjà plus de son temps.

pour prendre le frais et faire provision de dattes ; à l'E, l'horizon est borné par des jardins et par quelques accidents de terrain, et puis commence cette immense plaine qui, sur une largeur d'environ 35 kilomètres, se déroule indéfiniment à l'O., N.-O., et ne s'arrête au S.-E., S., S.-O., qu'au pied même de la grande chaîne de l'Atlas, dont les sommets resplendissant de neiges sous les rayons d'un soleil ardent, se découpent nettement jusqu'à 3000 mètres de hauteur sur le fond bleu du ciel le plus pur. C'est là, messieurs, un grand spectacle, une magnifique vision qu'il faut renoncer à décrire et qui, à elle seule, compense généreusement la fatigue et les peines d'un voyage à Maroc !

Le tracé de mon itinéraire et ses annotations me dispensent également de m'étendre beaucoup sur cette petite course que j'ai faite en simple particulier, modestement, lentement, avec M$^{me}$ Beaumier, sa femme de chambre (une Française), et sans autre escorte que celle des deux soldats janissaires du consulat de Mogador. Notre voyage a duré quarante jours, et permettez-moi, messieurs, de vous le dire tout de suite, soit en route, à l'aller comme au retour, soit à Maroc même, nous n'avons pas eu un seul sujet de plainte, un seul incident fâcheux ; bien au contraire, nous avons été accueillis et traités partout avec un parfait respect et avec tous les égards de l'hospitalité arabe. C'est là une déclaration que je tenais beaucoup à vous faire pour vous édifier franchement d'abord sur le mérite que vous auriez pu m'attribuer, dans votre bienveillante pensée, d'avoir affronté certaines difficultés que je n'ai, vous le voyez, nullement rencontrées. Mais, d'un autre côté, si vous voulez bien tenir compte de la position exceptionnelle que mon long séjour en Afrique (vingt-neuf ans) m'a faite au Maroc, vous comprendrez parfaitement que ce précédent ne saurait cependant servir de base ou de prétexte aux étrangers qui désireraient faire le même voyage, pour se départir des règles ordinaires et des précautions qui sont nécessaires lorsqu'on s'aventure dans un pays musulman et barbare. J'espère bien, messieurs, qu'il n'y a pas et qu'il ne pourra y avoir à ce sujet aucun malentendu.

Nous avons marché pendant trente-deux heures, au pas ordinaire du cheval, pour aller de Mogador à Maroc. Cette route est fort monotone; après avoir dépassé la zone accidentée des arganiers qui égayent et rafraîchissent un peu le paysage, on ne trouve plus que sables, chemins pierreux, terrains incultes et sans eau, jusqu'à cette interminable plaine de Maroc, où l'on ne peut se défendre d'un serrement de cœur à la vue de ces belles terres vierges, vraisemblablement superposées sur une nappe d'eau découlant des montagnes, et si malheureusement dépeuplées et abandonnées à la barbarie. D'ailleurs, ce qui frappe toujours le plus l'Européen voyageant au Maroc, c'est l'aspect de ces vastes solitudes qui bordent les chemins les plus fréquentés, et sur lesquels on rencontre rarement au delà d'une trentaine de personnes par journée. J'ai pu, du moins cette fois encore, noter que, durant six jours, sur la grande route (1) conduisant de Mogador, premier port de l'empire, à Maroc, capitale, notre petite caravane ne s'est pas croisée avec plus de deux cents indigènes, voyageurs ou courriers, chameliers, muletiers ou âniers. On dit bien que les Arabes se tiennent le plus loin possible des chemins pour mieux échapper aux vexations et aux charges que leur impose le passage chez eux du moindre *mekhazny* (soldat et en général tout fonction-

---

(1) Par *route* il faut entendre de simples chemins frayés, composés pour la plupart de plusieurs sentiers tracés parallèlement par les pas des hommes ou des animaux. Il n'y a là ni entretien, ni règlements d'aucune sorte, les rivières mêmes n'ont pas de pont et se passent en général à gué. On peut dire, en un mot, qu'au Maroc la terre est encore telle que Dieu l'a faite.

naire du Makhzen, gouvernement) ; mais quoique je n'aie jamais perdu l'occasion (rare, il est vrai) de m'écarter de la route, j'avoue que je n'ai point pu encore découvrir aucune de ces grandes agglomérations. Dans le Gharb notamment, que j'ai parcouru en divers sens, je n'ai jamais rencontré que des douars échelonnés de loin en loin, et dont le plus important ne dépassait pas une cinquantaine de tentes. Chez les gouverneurs des provinces qui occupent des kasbah, justement considérées comme les plus grands centres des tribus, je n'ai jamais pu évaluer au delà de 500 habitants le nombre des Arabes groupés sous la tente autour de ces maisons de kaïds. En un mot, je crois avoir dit vrai en écrivant dans une précédente notice, publiée au *Bulletin de la Société* du mois de juillet 1867, que « le Maroc n'est nullement peuplé en
» raison de sa superficie et de ses ressources naturelles,
» et qu'entre les diverses évaluations de la population
» variant, selon l'auteur, de 15 millions à 4 et 5 millions
» d'âmes, ce dernier nombre est le plus vraisemblable (1). »

J'ai exactement marqué les divers endroits de campement où l'on peut s'arrêter en route de Mogador à Maroc. A l'exception de la kasbah du kaïd de Chiodma, suffisamment pourvue, tous les autres points sont des *Nzéla* (lieu où l'on descend, *mansio*), où l'on risque souvent de ne trouver qu'une sécurité relative, sans la moindre ressource de nourriture pour soi ou pour les animaux. Les Nzéla, généralement formées de quelques tentes occupées par des hommes solides et armés, sont établies de distance en distance par les gouverneurs mêmes des provinces pour veiller à la sûreté des routes pendant le jour; pour garder, pendant la nuit, les voyageurs et les caravanes, et les protéger au besoin contre les attaques des voleurs.

(1) J'ai répété ceci parce qu'une faute d'impression audit *Bulletin* (page 10) m'a fait avancer le contraire.

Les habitants de la Nzéla perçoivent pour leurs peines une ou deux mouzounas (4 ou 8 centimes) par chaque bête de somme chargée qui passe sous leurs yeux ; mais quelque minime et légitime que soit ce droit, la parcimonie des Arabes est telle que beaucoup préfèrent faire de longs détours et s'aventurer même quelquefois à travers monts et vaux pour ne le point payer. Ceci peut, jusqu'à un certain point, atténuer ce que je disais tantôt de la solitude des grandes routes; mais, tous renseignements pris, on ne saurait guère évaluer à plus de moitié le nombre des voyageurs qui prennent des chemins de traverse, et dans ce cas-là même, la totalité de la circulation n'en reste pas moins remarquablement restreinte et significative.

On monte la garde toute la nuit dans les Nzéla pour que les voyageurs puissent dormir tranquilles. S'il s'agit d'un Européen, tout le monde reste sur pieds pour entourer sa tente, et cela se fait avec d'autant plus d'exactitude, que l'on sait bien que le chrétien rémunère toujours largement ceux qui le servent. Cet argument est du reste le seul qui puisse décider ces pauvres gens à s'en aller quérir dans les douars voisins les provisions dont on a absolument besoin et que rien ne les oblige à fournir.

Quoique les Nzéla doivent toutes être également sûres, il faut, autant que possible, éviter celles qui sont le plus rapprochées des limites d'une province à l'autre, où l'on est toujours un peu plus exposé, à cause de la facilité que les malfaiteurs ont de rejeter leurs fautes sur leurs voisins. Ceci est tellement vrai que l'on a été obligé, il y a quelques années, de modifier les limites de plusieurs tribus pour interner la Nzéla de Sidi Moktar chez les Ouled-ben-Sbah. Sidi Moktar, qui a toujours été un point assez important pour figurer, par exception, à la même place, sur toutes les cartes du Maroc connues, est un grand marabout, une zaouïa qui marquait dans le temps le point de jonction des quatre provinces de Chiodma, Ouled-ben-Sbah, Ahmar et Imtouga, sans appartenir à aucune d'elles, et sans qu'aucune d'elles, par conséquent, fût responsable des crimes ou délits qui s'y pouvaient commettre. Or, il s'y en commettait tellement malgré la sainteté du lieu, et il était toujours si difficile de découvrir à laquelle de ces tribus appartenaient les coupables, que l'on convint de se retirer de trois côtés de façon à laisser toute la responsabilité aux Ouled-ben-Sbah, amplement dédommagés ainsi par l'augmentation de leur territoire. Aujourd'hui, on peut, en toute tranquillité, passer la nuit à Sidi Moktar.

De Sidi Moktar à Chichaoua on ne trouve point d'eau, et il est très-important, en été surtout, d'en porter avec soi parce que la route est longue et fatigante. A Hankel-Djemel (le col du Chameau) il y a une grande citerne, à l'ombre de laquelle, à défaut d'arbre, on s'abrite pour déjeuner; mais cette citerne est à sec par suite de quelques fuites qu'il s'agirait de réparer; personne n'y a encore songé depuis plusieurs années, et ce nouvel exemple de l'incurie des Arabes est d'autant plus significatif qu'il n'est pas d'été où quelques individus et des animaux mêmes ne meurent de chaleur et de soif sur cette partie du chemin. J'ai pu, d'ailleurs, remarquer la même chose sur la route de Saffy, ayant fait halte également auprès d'une grande citerne sans eau, située dans un défilé de collines arides où le soleil doit être foudroyant durant la saison chaude.

Chichaoua est un joli endroit remarquable par sa colline complétement isolée dans la plaine et ayant exactement la forme d'un pain de sucre ou d'un cône tronqué. Au pied de cette colline, et avant de traverser l'Oued (ruisseau ou petite rivière), apparaissent sur une bonne surface les traces de nombreux fondements et des quantités de pierres qui ne peuvent laisser aucun doute que ce sont là les vestiges d'une des anciennes villes décrites par

Jean-Léon. Malheureusement, je n'ai fait que passer rapidement en cet endroit, et les gens de la localité que j'ai questionnés au campement, au sujet de ces ruines, n'ont pas su ou n'ont pas voulu me répondre.

De Chichaoua à El Mezoudia, et de là à l'Oued-Nfys, à la Nzéla el Youdy (des Juifs), ainsi nommée parce qu'elle a été établie à la suite de l'assassinat en cet endroit de quelques Israélites de Maroc, je n'ai rien vu de particulier à noter, si ce n'est ces trois petites collines isolées comme le mont de Chichaoua, et appelées Coudiat-Ardhous. D'après la tradition des gens de la localité, Ardhous ou Arthous est le nom d'un célèbre chrétien de l'antiquité, qui enterra là d'immenses trésors : la porte ou le passage qui mène à ces trésors s'ouvre tantôt à un endroit, tantôt à un autre, mais une seule fois et durant un seul jour chaque année. Naturellement on ignore ce jour, et personne n'a plus eu le bonheur de se trouver là au moment voulu depuis le chérif qui défendit la Zaouïa-Cherrady contre l'armée de Moulaï Abd-er-Rahman, il y a environ quarante-cinq ans. Ce chérif se serait servi d'une partie du trésor d'Ardhous pour faire la guerre au Sultan, qui réussit enfin, en 1240 (1825), à faire raser ladite Zaouïa et à en disperser les habitants dont il livra les terres aux Oudayas qui les occupent encore aujourd'hui.

Il y a dans cette légende un fait historique rapproché de nous et facile à vérifier, mais l'existence du trésor à Coudiat-Ardhous, dont personne ne paraît douter dans le pays, ne serait-ce pas une réminiscence de quelque ancienne exploitation de mine d'or ? La nature du terrain et les nombreux fragments de quartz que l'on foule sous les pieds en cet endroit permettent bien, au moins, de ne pas trouver extraordinaire une pareille supposition émise, d'ailleurs, sur maints autres lieux voisins de Maroc, où il n'est pas douteux qu'il n'y ait quelque part des gisements aurifères. Un de mes bons amis, ingénieur et géologue,

M. James Craig, qui a fait avec moi tout ce voyage durant lequel il m'a prêté le précieux concours de ses lumières avec une gracieuseté dont je suis heureux de pouvoir ici le remercier de nouveau, m'a assuré avoir vu et examiné à Maroc même des échantillons importants de minerai d'or provenant des environs de cette capitale.

La Nzéla des juifs, située à un quart d'heure au delà du gué de l'Oued-Nfys, a été notre dernière étape avant d'arriver à Maroc. Le Nfys est le seul cours d'eau sur la route de Mogador à Maroc, qui m'a paru mériter le nom de rivière. Quand nous le passâmes, l'eau n'arrivait pas aux genoux de nos chevaux; mais le lit couvert de galets est fort large, et l'on conçoit aisément qu'en certains moments les torrents de l'Atlas puissent le remplir assez pour en rendre le passage dangereux et même infranchissable. On m'a assuré que cela arrive chaque année à l'époque des pluies, pendant plusieurs jours de suite. Quoi qu'il en soit, l'Oued-Nfys sort sûrement du pied de l'Atlas et va se jeter dans le Tensyft, après avoir traversé la plaine de Maroc, dans toute sa longueur, du S.-O. au N.-E.

La température moyenne à Maroc (alt. 430 mètres) a été durant mon séjour, du 4 au 26 février 1868, de $14°,269$ centigrades à l'ombre; la plus élevée 23° à midi, vent au sud; la plus basse 10° à sept heures du matin, et à dix heures du soir, temps calme; la plus haute, au soleil, 31° le 15 février à midi.

Durant la même période, la moyenne hauteur du baromètre (holostérique) a été de $724°,57$ : maximum 727 ; minimum 718, le 12 et le 13 février par un temps d'orage, vent N.-N.-O.

Enfin, sur soixante-trois observations (trois par jour), j'ai noté :

| DIRECTION DES VENTS. | | ÉTAT DU CIEL. | |
|---|---|---|---|
| Nord | 2 | Serein | 52 |
| Nord-est | 1 | Couvert | 8 |
| Nord-ouest | 3 | Nuageux | 2 |
| Sud | 2 | Brouillard | 1 |
| Calme | 55 | | 63 |
| | 63 | | |

L'éclipse de soleil du 23 février a été visible et partielle à Maroc. Tous les astronomes du Mahzen (1), à l'exception de deux ou trois restés auprès du sultan pour la circonstance, s'étaient postés, dès le matin, sur la tour de la mosquée de Ben-Youssef, la seconde en hauteur et en ancienneté dont il leur avait fallu se contenter à défaut du principal observatoire, la Koutoubia, qui leur avait été interdit, parce que leur vue aurait pu plonger dans le harem du prince Moulaï-Aly, frère du sultan, momentanément situé au-dessous même de ce grand minaret.

Cette éclipse, dont la population, en général, m'a paru ne s'être pas même aperçue, a commencé à Maroc à deux heures cinq minutes et fini à quatre heures vingt minutes. Je n'ai pu savoir, au juste, les observations et les conclusions que ce phénomène a suggérées au corps des astronomes; mais j'ai appris que Sidi Mohammed s'était livré lui-même pendant deux jours, avec son ancien maître d'astronomie, à des calculs sans fin, et l'on m'a assuré, à cette occasion, que ce que ce prince et les savants de sa cour cherchent surtout dans l'étude du ciel, ce sont des horoscopes et autres résultats astrologiques qui leur inspirent encore à tous une assez grande confiance.

Nous sommes donc restés vingt et un jours à Maroc, nous dirigeant d'après le plan et la notice de M. P. Lambert, qui, je

---

(1) Voyez dans l'ouvrage de M. Thomassy une lettre fort curieuse adressée en 1699, par Cassini, aux astronomes de Fez et de Maroc (*le Maroc et ses caravanes*, p. 178).

me plais à le répéter, m'ont paru être aussi complets que possible, sous le rapport de la statistique et de la précision des détails. Nous avons pu librement parcourir en tous sens l'intérieur et l'extérieur de cette grande ville ; visiter tranquillement la Kasbah, les jardins du gouvernement et des particuliers, et pénétrer enfin jusque dans l'enceinte inviolable de la grande Zaouïa de Sidi-bel-Abbes, très-ancien marabout, originaire de Ceuta, patron des aveugles et protecteur vénéré de Maroc. Guidés par un seul *mechaoury* (cavalier de la garde) et suivi d'un de mes janissaires, nous traversions chaque jour, à cheval ou à pied, et bien entendu, sans le moindre déguisement de costume, les quartiers les plus populeux, et nous n'avons pas entendu une injure ; rien absolument d'hostile dans les regards, mais un prodigieux étonnement à la vue de la *nesserania* (la chrétienne), seul mot qui se répétait de bouche en bouche, aussitôt que nous étions aperçus. En certains endroits, enfin, où la curiosité des enfants devenait trop bruyante, les passants se chargeaient eux-mêmes de dissiper l'encombrement avec un zèle que nous n'avions qu'à modérer quelquefois. Pardonnez-moi, messieurs, ces petites personnalités, mais ce sont là des faits que je n'aurais pu, sans ingratitude, passer sous silence. Nous avons si souvent sujet de nous plaindre des musulmans, qu'en vous disant ici simplement la vérité, je ne suis que juste, et, je vous l'affirme, messieurs, avec les barbares, avec les Marocains, je n'ai rien vu encore réussir mieux que la justice et la loyauté !

La route de Maroc à Saffy est plus courte et infiniment plus jolie que celle de Mogador, mais elle est aussi plus accidentée et moins facile. Au sortir de Maroc, par le Bab-Doukkéla, on traverse la belle zone de palmiers qui ceint la ville au N., N.-E., et, après avoir passé à droite du petit mont Guiliz, dont il est question dans plusieurs auteurs anciens, et puis à gauche d'une colline attenant à celle de Berameram, que l'on dit être entièrement formée d'antimoine, on arrive en une heure trente minutes au Tensyft que l'on passe facilement à gué. On entre alors dans une grande plaine parsemée de loin en loin de petits fragments de granite et de gros blocs de quartz d'une blancheur éblouissante qui, à distance, ont tout l'aspect de petites maisons arabes fraîchement lavées à la chaux. Au bout de cette plaine, où l'on marche durant deux heures, on s'enfonce dans une petite chaîne de collines par un bon sentier qui, en deux heures et quart, conduit à la Nzéla de Bou-Yzelefen, cachée sur un petit plateau fort pittoresque (alt. 534 mètres), où l'on passe la première nuit.

En sortant de Bou-Yzelefen, on fait route encore, pendant deux heures trois quarts, dans les collines, et l'on descend, enfin, sur de superbes plaines dont les terres sont si remarquablement rougeâtres, qu'elles ont fait donner à la province entière le nom de Bled-Ahmar (le Pays rouge). On traverse ces plaines pendant trois heures et demie, et l'on arrive à la kasbah du kaïd Addy-ben-Dhaou, où l'on s'arrête ordinairement jusqu'au lendemain.

Vingt minutes après avoir quitté la kasbah, on passe devant un assez grand bâtiment isolé bien connu sous le nom de Dar-Chemaa (la maison de la Cire). C'est là que le prince Moulaï-el-Hassen, fils et khalifa du sultan actuel, Sidi-Mohammed, a fait ses études sous la direction de quelques *foukaha* (savants) qui, selon la coutume, ont mis plusieurs années à lui apprendre le Coran. J'avoue que je n'ai pu comprendre ce qui avait pu déterminer le choix de cet endroit où il n'y a point d'eau, pas un arbre, pas un champ, et où la chaleur doit être excessive en été. A vingt-cinq minutes de Dar-Chemaa, on traverse une petite place pierreuse où se tient le marché du jeudi (*souk-el-khemis*) de la province d'Ahmar, et l'on arrive à Zyma, nom du lieu et du lac salé si diversement placé sur es cartes géographiques. Ce lac, que nous avons côtoyé en droite ligne pendant quarante minutes, peut avoir 10 à 12 kilomètres de tour; il est peu profond et uniquement formé par les eaux de la pluie qui s'évaporent complétement pendant l'été pour laisser à découvert une mine de sel inépuisable. La ferme de cette mine est vendue aux enchères chaque année par le gouvernement, à Saffy, et pour une somme qui reste ordinairement dans les limites de 2000 ducats (3000 francs). Les concessionnaires n'attendent pas, d'ailleurs, l'époque du desséchement pour commencer leur exploitation; nous avons vu, en passant, des hommes dans l'eau jusqu'à mi-corps, occupés à charger leurs chameaux avec des morceaux de sel qu'ils tiraient du fond au moyen d'une pioche.

Après le lac, on continue à marcher en plaine pendant une bonne heure, et l'on rentre par un sentier pierreux dans une chaîne de collines sans bois et tout à fait désertes. Au bout de quarante-cinq minutes, on passe devant la citerne sans eau dont j'ai parlé, et l'on descend alors dans un défilé fort étroit, véritable coupe-gorge où il ne serait point prudent de s'aventurer seul, et d'où l'on ne sort qu'une heure après, sans avoir pu remarquer autre chose qu'un fort tas de cailloux (*kerkour*) qui marque la limite entre les deux provinces d'Ahmar et d'Abda.

Au sortir du défilé, on traverse une fort belle plaine en partie cultivée, qui s'étend à perte de vue de l'O. à l'E., N.-E., et deux heures après on arrive à la kasbah du kaïd Ben-Ouman, qui est aujourd'hui la plus ancienne maison de kaïd de tout le Maroc. Depuis cent ans, les Beni-Ouman n'ont cessé, de père en fils, de gouverner la province d'Abda, sans qu'il leur soit arrivé malheur. Seulement, il y a quelques années, leur territoire a été réduit des deux tiers environ qui ont été donnés à deux autres kaïds, de façon que ladite province d'Abda se trouve aujourd'hui subdivisée en trois commandements. « Pourquoi cela ?

demandai-je au kkalifa de Ben-Ouman qui, en l'absence de son chef resté auprès du sultan à Maroc, m'avait offert l'hospitalité. — « Pourquoi ? m'a-t-il répondu ; mais simple-
» ment parce que la vache que l'on fait traire par trois
» laitiers donne toujours plus de lait que celle qui n'est
» traite que par un seul. »

De chez le kaïd Ben-Ouman à Saffy il y a cinq heures de route à faire presque entièrement dans des collines dont les sentiers deviennent de plus en plus pierreux et difficiles en approchant de la ville que l'on n'aperçoit que quelques instants avant d'arriver aux portes.

En totalité, nous avons mis trois jours, et nous avons marché pendant vingt-trois heures pour venir de Maroc à Saffy qui est le port le plus rapproché de cette capitale. A mule, au bon pas, nous aurions pu facilement gagner trois ou quatre heures. J'avais sous les yeux le seul itinéraire entre ces deux villes, connu jusqu'à ce jour et publié à Paris, en 1845, par M. Thomassy, et, en 1846, par M. E. Renou ; c'est celui que suivit l'ambassade du comte de Breugnon en 1767, et je déclare que je n'ai pu reconnaître la plupart des noms des étapes, ni m'expliquer comment, en marchant dix heures par jour, l'ambassadeur du roi Louis XV avait pu mettre six jours et un peu plus pour faire cette course. Cela donnerait à penser que les Marocains de cette époque, plus ombrageux encore que ceux d'aujourd'hui, firent faire d'assez grands détours à l'envoyé français, dans l'idée de le tromper sur les distances, et peut-être aussi sur la direction et sur la facilité de la route.

Je crois avoir déjà écrit sur Saffy tout ce qu'on peut en dire (1), et ma seconde promenade depuis cette ville jusqu'à Mogador ne m'a servi qu'à vérifier et à compléter mon premier itinéraire dont je n'ai dévié que pour m'arrêter

(1) Bulletin de la Société de géographie, avril 1868, p. 305 et suiv.

un jour à un fort joli endroit, Aïn-el-Hadjer (la source de la Pierre), situé au pied même du Djebel-Hadyd (montagnes de Fer). Il y a là des restes importants de scories et de cendres qui indiquent sûrement des lieux d'exploitations de minerai fort anciennes, sans doute, et dont les naturels de la localité n'ont conservé aucun souvenir.

Enfin j'ai ajouté, sur le tracé de mon petit voyage, l'itinéraire d'une course que j'eus occasion de faire, l'an dernier, chez le kaïd de Haha, dont la kasbah (altitude 785 mètres) est située dans les montagnes, à neuf heures de Mogador. Je me suis trouvé ainsi, pendant dix jours, chez des Chleuh, en plein territoire berbère, et je déclare avoir été émerveillé de l'ordre, de l'activité et de la supériorité de l'agriculture et de toutes choses comparativement à celles des Arabes que j'y rencontrai. J'ai vu là le Maroc sous un aspect tout à fait nouveau, que mon long séjour même ne m'avait permis que de soupçonner à peine, et je crois bien ne m'être point trompé en reconnaissant chez ce peuple, qui professe, d'ailleurs, un profond mépris pour la race arabe, tous les éléments d'une longue et forte vitalité.

Je n'abuserai pas davantage, messieurs, de la patiente attention que vous avez bien voulu m'accorder; mais, permettez-moi de vous le dire en terminant, votre bienveillance même, dont je m'honore et dont je vous suis très-sincèrement reconnaissant, m'encourage à appeler de nouveau vos sympathies sur ce singulier pays, si proche de nous et si délaissé, le Maroc, où les sciences en général, et la géographie en particulier, ont encore tant de recherches à entreprendre et de découvertes à espérer.

### ROUTE DE MOGADOR A MAROC.

| | |
|---|---|
| De Mogador à Medfia-Kedima.................... | 2 heures. |
| De Medfia-Kedima à Lar'Arta.... ............ | 1 15' |
| De Lar'Arta à Imisgbarn..................... | 1 15' |
| De Imisgbarn à El-Hanchen (kasbah du kaïd de Chiodma)... ............................ | 2 05' |
| D'El-Hanchen au Dar-Mekkadem-Messaoud........ | 2 |
| Du Dar-Mekkadem-Messaoud à Tafetecht,......... | 1 40' |
| De Tafetecht à Aïn-Oumest..................... | 2 20' |
| D'Aïn-Oumest à Sidi-Moktar................... | 2 15' |
| De Sidi-Moktar à Hank-el-Djemel............... | 1 40' |
| De Hank-el-Djemel à Coudiat-er-Rayhat......... | 1 30' |
| De Coudiat-er-Rayhat à Chichaoua (Nzéla)........ | 1 50' |
| De Chichaoua à Aïn-el-Beyda.................. | 2 30' |
| De Aïn-el-Beyda à El-Mezoudia................. | 2 |
| D'El-Mezoudia à Mchra-ben-Kara............... | 3 40' |
| De Mchra-ben-Kara à L'Oued-Nfys (au gué)....... | 30' |
| De L'Oued-Nfys à la Nzéla-el-Youdy............ | 15' |
| De la Nzéla-el-Youdy à Maroc.................. | 3 30' |
| Total....................... | 32 15' |

### ROUTE DE MAROC A SAFFY.

| | |
|---|---|
| De Maroc (Bab-Doukkala) sous Guiliz............ | 30' |
| De Guiliz à L'O. Tensyft (au gué)...... ........ | 1 |
| Du Tensyft à l'entrée des collines. ............. | 2 |
| De l'entrée des collines à Bou-Yzelefen (Nzéla)..... | 2 15' |
| De Bou-Yzelefen à la sortie des collines........... | 2 45' |
| Des collines au Souk-el-Tleta.................. | 1 40' |
| Du Souk-el-Tleta à la kasbah du Kaïd........... | 2 |
| De la kasbah au Dar-Chemâa.. ............... | 20' |
| Du Dar-Chemâa au lac de Zyma................ | 25' |
| Du lac (Souk el-Khamis) à l'entrée des collines..... | 1 40' |
| De l'entrée des collines à la citerne ............. | 40' |
| De la citerne au Kerkour (limite des Ahmar)....... | 30' |
| Du Kerkour à la sortie des collines............... | 30' |
| Des collines à la kasbah du Kaïd Houman......... | 2 |
| De la kasbah au Souk-el-Tleta................. | 35' |
| Du Souk-el-Tleta à la citerne (eau et jardins)...... | 1 40' |
| De la citerne à Saffy......................... | 2 30' |
| Total....................... | 23 |

ROUTE DE MOGADOR A AZAGHAR (HAHA).

De Mogador à Aït-Yassin (magasin, maisons éparses). 2 heures.
De Aït-Yassin au Souk-el-Arbâ (citerne, boutiques).. 1 30′
De Souk-el-Arbâ à la tour de Bou-Gemâa (à droite).. 1
De la tour de Bou-Gemaâ à L'Oued-el-Kessib (au gué). 30′
De L'Oued el-Kessib au jardin du Kaïd............ 2
Du jardin à la kasbah d'Azâghar................ 2
            Total......................... 9

Ces routes ont été faites au pas ordinaire du cheval; à mule, au bon pas, on gagne aisément 4 heures sur 24.

# NOTICE

## SUR LA VILLE DE MAROC

#### PAR PAUL LAMBERT

---

La ville de Maroc date du onzième siècle de notre ère, et du cinquième de l'hégyre. Le terrain occupé aujourd'hui par la ville et les jardins environnants servaient de pâturage aux bergers de Agmat ou Romette (?), ancienne ville existant du temps de la domination romaine et dont on voit encore les ruines à une petite journée de marche de Maroc.

L'étymologie de Maroc, en arabe Merakech, n'est point donnée par les historiens maures ; quelques-uns croient que la ville reçut son nom d'un puits aujourd'hui à sec, situé presque au centre de Maroc. Quoi qu'il en soit, Sidi Youssef ben Tachefyn fut le premier qui, en 454 de l'hégyre (1), vint habiter cet endroit où il construisit une mosquée et une kasbah (château fort), pour y mettre ses richesses en sûreté. Peu à peu, les gens de sa suite et beaucoup d'habitants d'Agmat, pour se rapprocher de lui, construisirent des maisons autour de cette kasbah, et, à sa mort, son fils *Aly*, voyant l'importance que prenait la ville naissante, la fit entourer de murs ; aujourd'hui il ne reste plus aucun vestige de cette enceinte, ni de la kasbah, ni de la mosquée. En quelques années, la population de Maroc s'augmenta tellement que suivant quelques historiens, elle aurait dépassé le chiffre de 500 000 habitants. Les arts et les sciences y florissaient ; les Maures d'Espagne et d'Ifrikya (Algérie et Tunisie) y envoyèrent leurs enfants pour s'instruire dans les Mdersat

---

(1) *Roudh-el-Kartas*, trad. française, pages 194 et 195. Paris, 1860.

(universités). Le luxe régnait à profusion dans les mosquées et les maisons des riches particuliers qui mettaient de l'or jusque sur leurs portes. Toutes ces richesses provenaient principalement du butin que les musulmans rapportaient d'Andalousie et de leur commerce avec le Soudan (Afrique centrale). Après la chute des Maures en Espagne, la richesse de Maroc commença à s'amoindrir ; les guerres intestines, les révoltes, firent cesser le commerce, les émigrations s'ensuivirent et la prospérité s'évanouit pour ne plus reparaître.

Les murs de la ville de Maroc sont bâtis en terre mélangée avec des cailloux et de la chaux ; une partie de ces murs est flanquée de tourelles de distance en distance, et dont la plupart tombent en ruines ; les murailles sont tellement crevassées que les piétons y trouvent aisément passage lorsque les portes sont fermées. La partie saillante, au nord de la ville, contenant la Zaouia de Sidi-Bel-Abbès, est de date plus récente; les murs d'enceinte n'y furent construits qu'à la fin du dernier siècle, par ordre de Sidi Mohammed ben-Abd-Allah, de la dynastie Filèle.

Le plan qui accompagne cette notice donne une idée à peu près exacte des murs d'enceinte de Maroc, qui ont environ sept milles de circuit et sept portes, sans en compter deux de la kasbah qui sont souvent condamnées. A l'intérieur, une grande partie de la superficie est couverte de jardins, et les arbres dérobent à la vue les maisons ou autres édifices, dont la hauteur ne dépasse pas celle des murs qui est en moyenne de sept mètres. Aussi n'aperçoit-on du dehors que la tour de la *Koutoubia* et deux ou trois autres minarets.

Les rues sont généralement spacieuses à l'entrée des portes, mais au centre de la ville elles ne forment plus qu'un réseau de ruelles sales et impossibles à traverser à pied pendant les pluies. En été, les fabricants de poudre balayent les rues les plus larges et, par conséquent, les moins sales, et se servent de ces balayures pour la composition du salpêtre.

La ville est habitée par un mélange de gens appartenant à presque toutes les contrées d'Afrique : Maures, Algériens, Tunisiens, Alexandrins, Sahariens et nègres du Soudan ; on y voit aussi de temps en temps quelques Sénégalais. Il s'y parle trois idiomes distincts : l'arabe, le chleuh et le guennaoui. Le premier de ces idiomes est la langue générale du pays depuis Tétuan jusqu'à Mogador, le long de la côte, et à un degré marin environ à l'intérieur ; le chleuh est parlé par les habitants de l'Atlas, et le guennaoui par les nègres.

Les maisons des gens aisés consistent en une cour ayant quelques chambres aux parties latérales, et au fond une pièce sans fourneaux servant de cuisine ; près de la porte d'entrée, un petit escalier étroit conduit à un premier étage qu'on nomme *Doueria*, où le maître du logis reçoit ses visites et ses invités, sans avoir à les faire entrer au rez-de-chaussée qui est ainsi réservé aux femmes. Chacune de ces maisons a un puits dont l'eau ne sert que pour le nettoyage et le lavage du linge. Pour boire et pour la cuisine, on va chercher l'eau dans les réservoirs publics. En outre de la Doueria, quelques maisons ont des appartements au premier étage, et une écurie. Les chambres sont généralement longues et étroites : cependant, depuis quelques années, l'importation des bois d'Amérique et de Suède étant devenue plus considérable, on emploie une grande partie de ces bois aux constructions nouvelles qui sont ainsi plus spacieuses que les anciennes. En général, la longueur des madriers servant à la toiture des chambres est de 4 mètres environ, à l'intérieur les murs sont presque tous recouverts de plâtre et embellis quelquefois d'arabesques et de versets du Coran, incrustés de couleurs différentes.

Les rez-de-chaussée sont presque tous bâtis en terre et

chaux battues ensemble (*Tabia*), et l'étage supérieur est construit en briques. Une maison composée de trois chambres en bas, une cour d'environ six mètres carrés, un premier étage et une Doueria, plus une écurie à côté de la porte d'entrée, coûte aujourd'hui de 6 à 7000 ducats, environ 10 000 francs. Une charge de terre de 50 kilogr. environ se paye 2 *mouzounas* et demie (10 centimes); la chaux 10 onces (1) (1 fr. 45 c.) les 50 kilogr.; les briques 12 onces le 0/0; le plâtre 15 onces les 50 kilogr.; la journée d'un maître maçon 12 onces, d'un ouvrier maçon 4 onces, d'un manœuvre 2 onces, d'un charpentier et son apprenti 15 onces ; les briques de Maroc sont fort bonnes, mais un peu tordues ; aucun bâtiment à Maroc hormis la tour de la Koutoubia n'est en pierres ; il n'y a point de pierres dans les environs de la ville, et les gros cailloux du mont Gniliz, situé à un mille de Maroc, n'adhèrent à la chaux que difficilement. Les plus belles maisons sont situées à Zaouïa-el-Hadhar, à Sidi Abdel-Azyz, à Kat-Ben-Aïd et à Riadh Zittoun ; ces quartiers sont les mieux habités et les plus sûrs contre les attaques des voleurs ; les portes des maisons sont généralement situées, par mesure de précaution, dans des ruelles aboutissant à une rue principale munie d'un portail que l'on ferme la nuit et qui sert dans le jour d'entrée pour les habitants et les visiteurs du quartier (*Dhorb*).

Les rues de communication d'un Dhorb à l'autre ne sont bordées que par des boutiques ou des murs sans issue. Du reste, point de fenêtres à l'extérieur des murs, et bien peu dans l'intérieur des maisons, ayant vue seulement sur la cour.

Il n'y a point de promenades publiques à Maroc, mais les jardins des particuliers, dans l'intérieur de la ville, en tiennent lieu. Le seul endroit de récréation

---

(1) L'once équivaut à 0 fr. 154, la mouzouna est le quart de l'once.

pour le peuple est la grande place du *Djama-el-Fnâ*, où, dans l'après-midi, les comédiens, les conteurs, jongleurs et autres saltimbanques tiennent leurs scènes en plein vent; les spectateurs s'asseoient en cercle par terre, et quand la séance est finie, ceux qui le veulent bien jettent un ou deux flous (1) dans le haïk de celui qui les a amusés. Généralement, la place de Djama-el-Fna est le lieu de rendez-vous de tous les vagabonds de la ville, et la nuit il y a danger à s'y aventurer seul; c'est là aussi où l'on accroche sur un pan de mur les têtes, les pieds ou les mains des suppliciés. Il y a deux ans, quarante-cinq têtes furent exposées ainsi en un seul jour.

Les heures de la prière sont annoncées par les *Mouddhen* (muezzin), du haut des minarets, et le temps se partage ainsi :

| | |
|---|---|
| *Adhen es-sebah*, ou simplement *El Adhen*. | 1 h. avant le lever du soleil. |
| *Fetour el-Hassoua* (repas de l'*Hassoua*)... | Lever du soleil. |
| *Dah-el-Aly* .................... | 10 h. du matin environ. |
| *El-Ouly* ou *El Aouly* ............... | Midi et un quart. |
| *El Dhoour*...................... | 1 h. 1/2 après midi. |
| *El Asser*....................... | 3 h. 1/4 à 3 h. 3/4 selon la saison. |
| *El Moghreb* ................. . .... | Coucher du soleil. |
| *El Achâ*................... ..... | 1 h. 1/2 après le coucher du soleil. |
| *El Hameïr* (coups de fusil)............ | 10 h. 1/2 du soir. |

Quoique les Maures aisés connaissent la division du temps par la pendule et que plusieurs aient des montres de poche, ils ne s'en servent généralement que pour s'amuser.

Depuis *el Acha*, une heure et demie après le coucher du soleil, jusqu'à *el Adhen*, une heure avant le lever du soleil, les habitants sont tenus de rester chez eux sous peine d'être mis en prison par les gens du *moul-el-Dhoour*

(1) Le *flous* est le sixième de la *mouzouna*.

(chef de la ronde), à moins qu'ils ne justifient du motif de leur sortie.

La ville est gouvernée par les autorités suivantes : un *Bacha* ou *Kaïd*, gouverneur ; un *Khalifa*, vice-gouverneur ; un *moul-el-Dhoour*, chef de la police de nuit ; un *Mohtasseb*, administrateur des marchés et chef de la police durant le jour ; deux *Kadys*, ministres du culte et de la justice ; un *Nadher*, administrateur des biens des mosquées et de la ville. De plus, chaque industrie ou métier a son *Amin* ; chaque quartier a son *Mokkadem* et son *Nadher* particuliers. Au nombre de ces autorités on cite dans tout Maroc, comme un modèle rare de justice et d'honnêteté, le kady Sidi Mohammed-bel-Medany Sehrguinï.

Il y a trois prisons à Maroc dont une à la juiverie ne servant, le jour, que pour les juifs ayant commis de petites fautes ou ayant encouru le déplaisir du gardien maure de la porte du *Melha*. Les deux autres prisons sont situées, une en ville servant pour tout le monde, l'autre dans la kasbah spéciale pour les prisonniers de l'État, soit les kaïds des provinces ou autres fonctionnaires, et les sujets rebelles. La prison de la ville est à deux mètres environ au-dessous du sol ; elle est à voûtes soutenues par des pilliers et reçoit le jour par de petites ouvertures munies de grillages en fer. Tous les prisonniers ont des fers rivés aux pieds, et quelques-uns une chaîne au cou, mais ils sont libres de se traîner dans toute la prison qui est trèsvaste, et contient au milieu un réservoir d'eau et une mosquée. Le gouvernement ne fournit aucune nourriture aux prisonniers, qui sont généralement entretenus par leurs parents ou connaissances ; à défaut, ils vivent d'aumônes ou de leur travail, nattes, coussins, petits paniers ; quelques-uns meurent de faim. Cette prison contient toujours en moyenne 500 à 600 prisonniers. A sa sortie, le prisonnier doit payer 10 onces pour les fers, 2 onces pour le *Thaleb* ou écrivain qui rédige l'ordre de sortie, et une Sokera (solde) au Mekhazni qui l'a conduit en prison et qui, selon l'usage, revient lui-même le délivrer. Mais avant tout il faut acquitter l'amende plus ou moins forte, arbitrairement fixée par le kaïd et préalablement débattue par les parents ou les amis du prisonnier, qui finissent toujours par obtenir une diminution pour laquelle ledit kaïd a eu soin de se tenir en garde en demandant une somme énorme. Enfin, quand l'accord est fait, parents ou amis s'empressent de payer le prix convenu, mais il arrive parfois que le kaïd, après l'avoir reçu, en exige encore le double pour relâcher le prisonnier, ou qu'il ne le relâche que pour le remettre en prison quelques jours après.

La prison de la kasbah où sont renfermés les prisonniers d'État, est en partie découverte, et ceux-ci n'ont d'autre abri que quelques petites chambres adossées à l'intérieur des murailles, et un souterrain au milieu de l'espace qu'elles renferment. Le gouvernement leur passe deux pains par jour, mais ils reçoivent presque tous leur nourriture de leurs amis. Il arrive quelquefois que l'on relâche tout à coup un prisonnier pour l'envoyer gouverner une province en remplacement d'un autre que l'on met en prison. Aussi tous les gouverneurs tremblent lorsqu'ils se rendent au palais du sultan où ils se trouvent dans la même position que leurs administrés, lorsque ceux-ci se présentent à eux, et, en effet, il leur arrive souvent de ne sortir du palais que pour aller en prison. Quant aux juifs qui ont commis des fautes graves, on les met à la prison de la ville, dans une chambre dont un coin sert de fosse d'aisances, aux gardiens et autres employés de l'établissement.

Le *Morstan*, maison des fous, est situé vis-à-vis de la prison et sert aussi de lieu de détention pour les femmes. Les hommes sont au rez-de-chaussée, attachés par le cou à une chaîne assez lourde attenant à la muraille, et que les gardiens relâchent suffisamment la nuit pour que ces pauvres êtres puissent se coucher sur le sol. On ne renferme ainsi que les fous dangereux, et on leur passe deux pains par jour, sur le revenu des mosquées. La prison des femmes est à l'étage supérieur ; elles sont sans fers, mais elles ne sont mises en liberté qu'après avoir payé une amende. Généralement on ne renferme dans le *Morstan* que les femmes de mauvaise vie ou réputées telles, et rencontrées la nuit dans les rues.

À Maroc, on compte par *mitcal* (ducat). Le mitcal est une monnaie fictive contenant dix *onces*. L'*once* se divise en quatre *mouzouna*, la *mouzouna* en six *flous*. Néanmoins, les transactions commerciales se font toujours en pièces de cinq francs au cours de 32 onces 1/2 par 5 fr., ce qui établit la valeur de l'once à fr. 0,154 environ. Mais quoique ce taux soit fixé ainsi par décret du sultan, le change de l'écu de 5 francs est toujours un peu plus élevé et atteint 33 et 34 onces. Les monnaies ayant cours à Maroc sont les suivantes :

Or : Doublon d'Espagne, au change de 17 pièces de 5 francs.
— Pièce de 20 francs — 4 —
— Bendequi (Maroc) — 2 —
Argent : Piastre forte d'Espagne, au change de 34 onces 1/2.
— Écu de 5 francs — 32 — 1/2.
— Piécette d'Espagne — 7 —
— Franc — 6 — 1/2.

En outre de ces monnaies, le gouvernement fait battre des pièces de 4 onces, 2 onces 1/2, 2 onces, 1 once 3/4, 1 once, qui sont dépréciées, et, à l'exception de celles de 2 onces 1/2, au dessous de la valeur du taux officiel.

*Poids et mesures.* — Les dattes, les amandes, les raisins secs, le henné, se vendent au *cantar* (quintal) de 170 livres du Maroc ; la cire au cantar de 150 livres ; la gomme, les cuirs, les laines au cantar de 100 livres ; 100 livres du Maroc équivalent à 119 livres anglaises, soit 53 kilogrammes et 3/4.

L'huile se mesure par *kolla* contenant 32 livres 1/2; le blé, l'orge, les fèves et autres grains se débitent par *haroba*; la *haroba* est égale à 3 fanègues rases 1/2 environ, et elle se divise en mesures de 1/2, 1/4, 1/8, 1/16, 1/32. Il est à remarquer qu'au Maroc chaque ville, chaque bourgade et chaque marché a sa mesure de capacité particulière et différente des autres. Comme mesure de dimension pour les draps et autres tissus on emploie la *cala* ou coudée de 7/8ᵉˢ de mètre. La *gamma* ou brasse, sert pour l'excavation des puits ou des *metmoura* (silos).

Il y a deux grands marchés par semaine à Maroc, le jeudi et le vendredi : celui du jeudi (*Souk el Khemis*) est le principal et se tient partie en ville, au Khemis Dekhelany (voir le plan), et partie en dehors des portes près de *Bab el Khemis*. C'est là que se vendent les bestiaux, les chevaux, les mules, les chameaux et les ânes. Le vendeur est tenu de donner une garantie pour le cas où la bête vendue aurait été volée, et l'acte de vente est dressé par les *adouls* (notaires publics) et remis à l'acheteur.

Le marché du vendredi se tient au *Djama-el-Fnd* où l'on ne vend point de bêtes à cornes.

La ville possède deux *Kaïsseria* (dont une toute récente nommée Souk-el-Djedid) pour la vente de toutes sortes de tissus d'importation étrangère; un *Souk-el-Atarin* (marché des épiciers) pour la vente du sucre et de la droguerie, et un *Souk-Smata* (marché de cordonnerie) pour la vente des souliers. Les marchands de fer, les forgerons, les charpentiers, les bouchers, ont chacun leur rue spéciale communiquant l'une à l'autre par des portes que l'on ferme la nuit; ces rues sont d'ailleurs dépourvues de maisons, et à l'exception des gardiens, il n'est permis à personne d'y habiter. — Les négociants en gros ont leurs comptoirs et leurs magasins dans des *Fondouk* (caravansérails), dont les principaux sont les Fondouk Rangia, Djedid, El-Melah, Selem, Hadj el Arby, Sidj

Amara. Ces Fondouk se ferment pendant la nuit et restent à la garde des portefaix.

En outre de ces Fondouk occupés par les négociants, il y en a encore une centaine, moins bien tenus, sales et incommodes, servant pour les Arabes étrangers et leurs montures, ânes et chameaux. Un voyageur descendant dans un de ces Fondouk paye deux mouzouna (fr. 0,077) par jour pour sa monture et une (fr. 0,038) pour son abri personnel. Le maître de l'établissement est responsable des animaux en cas de vol; quant à la nourriture, chacun fait comme il peut.

Les juifs ont leur quartier à part qu'on nomme *el Melah* (lieu salé) et par dérision *el Messous* (sans sel, fade). Comme partout ils ont l'esprit du commerce et ils font beaucoup d'affaires. Peu de juifs se hasardent en ville sans nécessité, et au sortir du Melah, ils sont obligés, hommes et femmes, d'ôter leurs souliers et de marcher pieds nus; ils ne peuvent riposter aux musulmans qui les injurient à leur gré, et quoi qu'on en dise, la venue de Sir Moses Montefiore à Maroc n'a guère amélioré leur sort qui, malgré les généreux efforts de cet apôtre de l'humanité, est encore, dans les villes de l'intérieur, à peu près le même qu'il y a vingt ans.

Tous les produits du pays payent un droit d'octroi, tant à l'entrée qu'à la sortie des portes de la ville. Ce droit est d'un ducat (1 fr. 50 c.) par charge; les céréales seules en sont exemptes. En outre, chacun de ces produits est soumis à une taxe de 2 1/2 pour 100 de la valeur payable par l'acheteur, lors même que la vente a lieu aux enchères et qu'il s'agit d'un objet de fabrique de la localité. — Ces droits sont connus sous le nom d'*Enkess*, et affermés chaque année aux enchères publiques, comme la vente du tabac et du *Kiff*, dont le monopole rapporte au gouvernement environ 100 000 ducats (150 000 fr.) par an. La plupart de ces Enkess sont, d'ailleurs, en contradiction avec les traités existant entre le sultan et les gouvernements européens, et, conséquemment, les étrangers ne s'y soumettent pas.

Le marché des grains, servant aussi à la vente du sel, est situé au centre de la ville et se nomme *Rhahba*. Chaque charge paye là un droit de marché de 3 onces (0 fr. 46 c.), qui produit un assez fort revenu pour les fermiers.

Tout près de la Rhahba est situé le *Souk-el-Ghezel* (marché de la filature) où l'on vend les esclaves, les mercredi, jeudi et vendredi, une heure avant le coucher du soleil ; c'est le principal marché de tout le Maroc pour la vente des nègres qui y sont amenés directement du Soudan et du Sous. En général, les Marocains traitent leurs esclaves avec douceur, et la loi même les force à vendre ceux qui demandent à changer de maître. Néanmoins le témoignage d'un esclave n'est point valable en justice, et son maître peut, en certains cas, impunément le battre et même le tuer.

La population de la ville du Maroc peut être évaluée à 50 000 habitants, quoique la réclusion des femmes rende bien difficile une évaluation. Le tableau suivant indique à peu près les différentes branches de la population :

| | | |
|---|---|---:|
| Musulmans : | Négociants en gros.................... | 100 |
| — | Commerçants (tissus et épicerie)........ | 500 |
| — | — (haïks et tapis)........... | 300 |
| — | Boutiquiers vendant au détail huile, bois, charbon, poterie.................... | 1000 |
| — | Fabricants de haïks et tapis, etc........ | 800 |
| — | Forgerons, charpentiers et marchands de ferraille........................ | 350 |
| — | Fabricants et marchands de cordes..... | 250 |
| — | Tanneurs, cordonniers et savetiers...... | 1500 |
| — | Tholbas et étudiants des Mdersat....... | 800 |
| — | Ulémas et Adouls.................. | 150 |
| | *A reporter*...... | 5750 |

|  |  |  |
|---|---|---|
|  | Report...... | 5750 |
| Musulmans : | Agriculteurs et propriétaires.......... | 1200 |
| — | Maçons, portefaix, laboureurs, etc...... | 2500 |
| — | Meuniers et boulangers............... | 600 |
| — | Pauvres mendiants et vagabonds....... | 1500 |
| — | Employés du gouvernement........... | 400 |
| — | Nègres du gouvernement............. | 2000 |
| — | Soldats, bokhary et autres............ | 2000 |
| — | Mekhazny, soldats au service du Kaïd, du Mohtasseb, des Cadys, etc......  ..... | 500 |
|  | TOTAL.......... | 10450 |

En ajoutant à ce total de 10 450 un nombre égal de femmes, et une quantité correspondante de mineurs, garçons et filles, plus environ 6000 juifs (hommes, femmes et enfants), on arrive à peu près au chiffre dit de 50 000 habitants. Beaucoup de Maures ont plusieurs femmes chez eux, légitimes et esclaves, mais à Maroc la moitié des hommes spécifiés ci-dessus sont célibataires ou n'ont qu'une seule femme.

Maroc n'est point une ville industrielle comme Féz et Rabat; les habitants donnent la préférence à l'agriculture; les haïks et les tapis de leurs fabriques sont fort inférieurs à ceux de ces deux autres villes, et la seule industrie sans rivale à Maroc, est celle de la tannerie : presque tous les tanneurs travaillent ici à leur propre compte. pour la teinture ils emploient la cochenille, le *rakaoût* et l'écorce de grenade ; ils excellent surtout pour les couleurs rouge et jaune. La *fuchsine* introduite par des Français semblait devoir remplacer toutes les autres matières employées par les tanneurs, mais l'usage en a été aussitôt prohibé par ordonnance du *Mohtasseb*.

Il y a à Maroc une centaine de moulins tournés par des chevaux, et une douzaine de moulins à eau, ceux-ci situés hors la ville, du côté de Bab-Rob. Une haroba de blé pesant environ 150 livres paye 8 onces (1 fr. 25 c.)

pour être moulue. La séparation en son, semoule et farine est faite par les femmes dans chaque ménage, au moyen de petits tamis fabriqués par les juifs. Les meules sont extraites du mont de Moulai-Brahim et de Misfioua ; elles sont peu durables, et il s'en détache sans cesse des parcelles de sable que l'on retrouve en général dans le pain. Les pauvres moulent leurs grains chez eux entre deux petites pierres tournées par une manivelle.

Il y a environ quatre-vingts fours pour cuire le pain ; ils sont chauffés au moyen de broussailles, de branches de palmiers et de feuilles séchées au soleil. Le seul pain qu'il est permis de vendre au marché est aplati comme une galette, contient beaucoup de son et pèse un peu plus d'un quart de livre. La vente a lieu en plein vent, au coin des rues, sur des planches à terre. Les femmes vendent en cachette du pain fort blanc qu'elles font elles-mêmes, mais elles sont si malpropres, qu'on ne saurait en manger sans répugnance.

Quelques forgerons et charpentiers sont assez habiles, mais la majorité d'entre eux ne savent faire que les articles de première nécessité et ne se préoccupent nullement de la précision de leur ouvrage. Leurs outils et leurs matières premières sont de provenance anglaise.

Les bains publics sont au nombre d'une vingtaine, et assez bien distribués en ville et à la kasbah. Le bain se compose d'un vestibule, une chambre à chaleur tempérée et une autre chambre chauffée à la vapeur, degré du sang. — Ces trois pièces donnent l'une dans l'autre, et les baigneurs sont ainsi tous ensemble. Les hommes payent en sortant une mouzouna (fr. 0,038) par tête, et les femmes deux mouzouna (fr. 0,077). Les hommes sont admis depuis le lever du soleil jusqu'à midi, et les femmes depuis midi jusqu'au soir. Les vêtements sont déposés au vestibule à la charge d'un ami ou du gardien, mais ils sont souvent volés. En fait de vols il y a des spécialités à Maroc : ainsi, il y a des voleurs aux bains pour les habits ; aux mosquées pour les pantoufles ; dans les jardins pour les fruits, ailleurs pour les ânes, pour les chevaux, les mules ou les chameaux. Tous ces voleurs reconnaissent plus ou moins un chef ou mokaddem, et lorsqu'un vol important a lieu, le gouverneur envoie chercher ce mokaddem qui lui dit tout de suite où il faut faire des perquisitions, sans toutefois dénoncer le voleur par son nom.

Les meurtres sont assez fréquents à Maroc, et quoique la peine du talion soit une des lois fondamentales de la religion, les parents de la victime donnent facilement un acquittement au meurtrier, moyennant une somme d'argent plus ou moins forte.

La ville ne possède que très-peu d'édifices dignes d'attention; hormis la tour de la Koutoubia haute d'environ 250 pieds (y compris la lanterne qui la surmonte), tous les autres monuments n'ont aucun mérite d'architecture. Quelques mosquées sont fort grandes, entre autres celles de ben Youssef, el Mouezim, la Koutoubia, el Mansoury, mais ce ne sont que des constructions lourdes. On dit que l'une des portes de la mosquée el-Mouezim et la porte de Bab-el-Khamis furent apportées d'Espagne par el Mansour qui les enleva de Grenade. Le Bab Aquenaou près de la porte Bab-Roub, donnant entrée à la kasbah, fut apportée morceau par morceau d'Espagne (d'Algésiras, dit-on). C'est une arche en pierre assez curieuse à cause de ses sculptures (arabesques).

L'eau est très-abondante à Maroc où elle est amenée dans les réservoirs par des aqueducs qui la reçoivent des monts de Misfoua et de Moulaï Brahim. Anciennement les réservoirs publics étaient bien entretenus et quelquesuns étaient même ornés d'arabesques, mais aujourd'hui, à l'exception d'un ou deux, ils tombent tous en ruines, et c'est à peine si on les nettoie une fois par an, lorsque les conduits sont bouchés. Le réservoir d'el Mouezim a été récemment assez bien restauré.

Le palais du sultan est exactement indiqué sur le plan ; en dehors du vaste terrain qu'il occupe, il n'a rien qui appelle l'attention. Il y a deux grandes cours connues sous le nom de *Mchouar*, ou lieu d'audience, autour desquelles sont alignées des chambres où se tiennent les ministres, les secrétaires et les soldats. Le trésor (*Bit el mâl*) est attenant à la maison particulière du sultan : on dit que ce trésor contient des centaines de millions.

Les enfants mâles sont envoyés aux écoles (*hadar*) aussitôt qu'ils commencent à parler, et, à force de coups, les *tolba* tâchent de leur apprendre le *Coran* par cœur et à écrire quelques mots. Le *Thaleb*, maître de l'école, reçoit une mouzouna (4 c.) chaque jeudi, et 2 onces (31 c.) par mois et par élève, plus quelques gratifications en blé ou volailles, lorsque l'écolier fait des progrès. Une fois le Coran appris, l'élève est promené à cheval dans les rues et proclamé bachelier ès Coran; alors, s'il veut s'instruire un peu, il se fait admettre dans une *mdersâ* (collége), où il peut étudier les vieux livres déposés dans les bibliothèques, et, moyennant quelques cadeaux, assister aux leçons des tholba enseignant les principes de l'arithmétique, de l'histoire, les éléments de la géométrie et la théologie de Sidi-Khalil. Après quelques années de séjour dans les *mdersâ*, il est Thaleb (lettré); et il peut alors devenir *Addel* (jurisconsulte), puis *Fekky* (docteur), *Alem* (savant), et enfin *Cady* (juge-magistrat, chef de la justice religieuse).

Il n'y a pas de médecins à Maroc; les médicaments que l'on emploie sont des herbes et des racines plus ou moins efficaces; les malades ont une grande foi dans les amulettes et les pèlerinages aux sanctuaires de la ville et de la banlieue. En été, les fièvres intermittentes, causées sans doute par l'usage immodéré des fruits, font beaucoup de victimes; la petite vérole fait aussi de grands ravages, et, l'an dernier notamment, bien peu de maisons à Maroc furent épargnées par cette terrible maladie. Une autre infirmité commune parmi les Maures, même chez ceux qui sont mariés, est celle qui est due, à ce qu'on dit, à la découverte du nouveau monde.

Les lépreux habitent hors la ville, tout près de Bab-Dukkela, un village nommé *Hara*. Il leur est défendu d'entrer en ville et ils font, par conséquent, communauté à part ; ils ont une mosquée, un marché et une prison ; ils se gouvernent entre eux ; ils cultivent la terre et possèdent des jardins. Les Maures assurent que cette lèpre n'est point contagieuse, mais seulement partiellement héréditaire. On dit même que souvent les lépreux guérissent entièrement après avoir perdu les extrémités des pieds et des mains. Les Maures visitent journellement les lépreux avec lesquels ils font des affaires : ils mangent ensemble dans le même plat et couchent dans la même chambre sans crainte de contagion. Il y a, à la *Hara*, une juiverie pour les lépreux israélites qui ont là aussi une synagogue. Les lépreux pauvres se tiennent aux portes de *Bab Dukkala* pour demander l'aumône ; presque tous, ils font pitié à voir.

Le seul établissement de bienfaisance à Maroc est le sanctuaire ou *Zaouïa* de Sidi-Bel-Abbès, situé au nord de la ville. Les pauvres gens y reçoivent des aumônes et y trouvent un asile pour la nuit. Sidi-Bel-Abbès est aussi un lieu de refuge inviolable pour les criminels ou pour ceux qui craignent les poursuites du gouvernement. Le réfugié ne sort de là qu'avec l'aman (le pardon), et, lorsque cet *aman* est envoyé par le sultan ou par le gouverneur, si le gracié peu confiant veut s'en assurer en l'entendant prononcer de la bouche même de celui qui l'a accordé, il se munit de la couverture de drap déposée sur le tombeau du saint, et le chef du sanctuaire l'accompagne.

Toutes les mosquées et les zaouïa sont plus ou moins

riches en biens fonciers, reçus en héritage. Ces biens s'appellent *Habous*, et ne peuvent jamais être aliénés ainsi que leurs revenus nets, dont une partie sert à l'entretien du sanctuaire, et l'autre est convertie en maisons et jardins. On évalue à plus d'un million de piastres (5 000 000 de francs) les propriétés Habous, maisons et jardins, appartenant à Sidi-Bel-Abbès.

Les propriétaires des jardins vendent de préférence sur pieds leurs récoltes de fruits. Le gouvernement en fait autant, et l'on dit que le jardin d'Aguidel seul rapporte ainsi au sultan plus de cent mille piastres (500 000 fr.) par an pour ses produits en huile, fruits, etc., etc.

La plupart des habitants font trois repas par jour : le premier, au *Dah-el-Aly*, s'appelle *el Gueddah*; le deuxième, à l'*Asser*, est nommé *Fetour*, et le troisième à l'*Acha* ou au *Mogreb*, se nomme *el Acha*. Le mets favori est le couscoussou : la boisson est le thé vert bien sucré. Quoique le vin et les spiritueux soient interdits par le Coran, les Maures en font usage en cachette, et l'on dit même que quelques *Lellas* (dames) ne s'en privent pas, quand l'occasion s'en présente.

Les voitures étant inconnues, les seuls moyens de locomotion en usage sont les ânes, les mules, les chevaux et les chameaux. Il n'y a point de postes; les lettres sont apportées et distribuées par des piétons qui font le métier de courriers (*Rekkas*).

Le climat de Maroc est fort chaud en été et tempéré en hiver; il n'y neige jamais quoiqu'en hiver les nuits soient froides par le vent du sud qui passe sur les glaciers de l'Atlas. En été, le gouvernement fait venir de la glace de la montagne pour la consommation du palais; mais cette glace ne se conserve que durant quelques heures après son arrivée.

Les jardins situés en dehors de la ville sont bien arrosés, et renferment des fruits assez savoureux : la vue des sommets de l'Atlas, du milieu de ces jardins, le soir, en été, est un magnifique spectacle. Les touristes seraient bien dédommagés des fatigues d'un long voyage, si, au lieu de se rendre dans des lieux qui ont été maintes fois visités, ils se décidaient à faire quelques excursions à Maroc et dans ses environs.

FIN.

Paris. — Imprimerie de E. MARTINET, rue Mignon, 2.

www.ingramcontent.com/pod-product-compliance
Lightning Source LLC
Chambersburg PA
CBHW060520050426
42451CB00009B/1079